RAKKER

De avonturen van een puppy

Verhaal **Annie North Bedford**
Bewerkt door **Norm McGary en Joe Rinaldi**
Illustraties **Walt Disney Studio**

ISBN: 9789047613725
Published by Rubinstein Publishing bv, Amsterdam by arrangement with Random House
Children's Books, a division of Random House, Inc., New York, New York, U.S.A. All rights reserved.
Copyright © 2012 Disney Enterprises, Inc. All rights reserved
Oorspronkelijke titel: Scamp - The Adventures of a Little Puppy
Vertaald uit het Engels door Adrienne Hak
Vormgeving Ubald Seveke

Dit zijn Vagebond en Lady, de vader en moeder van een vrolijk nest puppy's.

En hun puppy's zijn de liefste van de hele wereld.
Dat weten ze zeker.

Drie puppy's lijken sprekend op hun moeder:
net zo mooi en net zo lief.

Maar de vierde pup… "Waar is die kleine pup? Waar is die kleine rakker?" roept iedereen maar steeds.

Met etenstijd zitten de drie mooie, lieve puppy's keurig op een rij te wachten tot hun etensbak gevuld wordt.

Maar de vierde kleine pup, die rakker van een pup, komt altijd binnenrennen en valt meteen aan.

Tijdens het speelkwartier spelen de mooie, lieve puppy's braaf met hun eigen puppyspeelgoed.

Maar de vierde kleine puppy, die rakker van een pup, bijt op alles wat hij tegenkomt.

Als het tijd is om te gaan slapen, sluiten de mooie, lieve puppy's gauw hun oogjes.

Maar de vierde kleine puppy, die rakker van een pup, kiest
net dát moment om te leren janken, hard en lang.

Op een dag gaan de vier puppy's picknicken, met lekkere puppykoekjes als lunch.

De drie kleine puppy's hollen direct naar het park op zoek naar een plekje in de schaduw.

Maar de vierde kleine puppy, die rakker van een pup, gaat ervandoor op zoek naar avontuur.

Hij vindt wat nieuwe speelkameraadjes. Hij zou
wel mee willen spelen.

Maar sss-ss-sssht! Zij willen helemaal niet dat Rakker meedoet,
dus rent hij hard weg.

Dan ziet hij nog een speelkameraadje: een druk eekhoorntje dat zo
hard graaft als hij kan.

"Dat is leuk," zegt Rakker. "Hoe heb je dát geleerd?"
"Door te graven," antwoordt Meneertje Eekhoorn. Dus dat is precies wat Rakker doet.

Hij graaft en graaft en graaft. En wat denk je dat hij vindt? Een heerlijk groot en sappig bot.
Wel een heel erg groot bot voor zo'n klein hondje!

Rakker trekt. Hij rukt en sleept.
Hij sleept het bot de hele straat door naar het park.

Op dat moment loopt een grote, boze hond langs de drie andere kleine puppy's en zegt: "Ah, ik ruik puppykoekjes!"

Hij steekt zijn kop naar voren en eet hun hele lunch op.

Arme kleine puppy's!
Ze hebben echt enorme honger. Och, wat zijn ze nu verdrietig.

Maar… wie verschijnt daar plotseling? De vierde kleine puppy, die rakker van een pup, komt met zijn bot aangesleept!

"Hé, daar," roept hij. "Kijk eens wat ik heb. Doen jullie mee?"

Zo aten de vier puppy's een lekker, groot en sappig bot voor lunch. Wat genoten ze daar van!

Na de picknick gingen de drie mooie puppy's blij naar huis.
En waar was de vierde puppy, die rakker van een pup?
Die liep trots als een pauw voorop.